Vente de feu M. CLEMENT

MARCHAND D'ESTAMPES DE LA BIBLIOTHÈQUE NATIONALE

TABLEAUX
ET
DESSINS ANCIENS

DES DIFFÉRENTES ÉCOLES

AQUARELLES ET DESSINS MODERNES

EXPOSITION PUBLIQUE
LE LUNDI 1ᵉʳ MARS 1886
DE 1 HEURE A 5 HEURES.

COMMISSAIRE-PRISEUR	EXPERT
Mᵉ M. DELESTRE,	M. B. LASQUIN,
27, rue Drouot, 27.	12, rue Laffitte, 12.

VENTE
DE
FEU M. CLEMENT

IMPRIMERIE PILLET ET DUMOULIN
RUE DES GRANDS-AUGUSTINS, 5, A PARIS.

CATALOGUE
DES
TABLEAUX
ET
DESSINS ANCIENS
PRINCIPALEMENT DE L'ÉCOLE FRANÇAISE

Œuvres de Bouchardon, Boucher, Challe, Desenne, Desrais, H. Fragonard
Greuze, J,-B. Huet, J.-B. Le Prince, Moreau le jeune, Norblin,
B. Picart, Pillement, H. Robert, etc.

ÉCOLES DIVERSES
Berchem, Campagnola, Van Dick, Van Huysum,
A. Ostade, Rembrandt, Rowlandson, Tiepolo, W. Van de Velde.

AQUARELLES ET DESSINS MODERNES
Par Charlet, Gavarni, Graudville, Ingres, T. Johannot, Meissonier,
H. Monnier, Raffet, H. Vernet, Ziem.

PORTRAITS DU XVIᵉ SIÈCLE.
Mobilier courant. Bijoux. Quelques objets de curiosité.

Dépendant de la succession de M. CLEMENT
Marchand d'Estampes de la Bibliothèque Nationale.

ET DONT LA VENTE AURA LIEU PAR SUITE DE SON DÉCÈS
HOTEL DROUOT, SALLE Nº 6
Les Mardi 2 et Mercredi 3 Mars 1886,
A deux heures.

COMMISSAIRE-PRISEUR	EXPERT
Mᵉ M. DELESTRE,	M. B. LASQUIN,
27, rue Drouot, 27.	12, rue Laffitte, 12.

Chez lesquels se trouve le présent Catalogue.

EXPOSITION PUBLIQUE : le Lundi 1ᵉʳ Mars 1886,
De une heure à cinq heures.

CONDITIONS DE LA VENTE

La vente sera faite au comptant.

Les acquéreurs payeront cinq pour cent en sus des enchères applicables aux frais.

DÉSIGNATION

TABLEAUX

ASSELYN (attribué à)

275   1 — *Deux pâtres conduisant des bestiaux à l'entrée d'une ville.*

BACKHUYSEN (attribué à)

110-   2 — *Bateaux de pêche en pleine mer.*

BEAUCÉ

96,-   3 — *Canrobert à Zaatcha.*

BRANDT

4 — *Paysage animé de figures.*

A gauche, une fontaine dans des ruines antiques; à droite, une montagne surmontée d'un château.

BRANDT

5 — *L'abreuvoir.*

Divers bestiaux sont conduits à un abreuvoir près d'une grotte.

Pendant du précédent.

BREUGHEL (École des)

6 — *Château sur une rivière dans un site montueux.*

CAMPHUYSEN

7 — *Bestiaux au pâturage.*

CLOUET (École de)

8 — *Petits portraits en buste de Catherine de Médicis et de Henri II.*

CLOUET (École de)

9 — *Portraits de François II et de Marie Stuart.*

Cadres sculptés.

CLOUET (École de)

10 — *Portraits de Philippe II et de Marie Tudor.*

Cadres sculptés.

CLOUET (École de)

11 — *Deux portraits de femmes.*

En buste, avec costumes ornés de bijoux.

COQUES (genre de G.)

12 — *Portrait à mi-corps d'un officier hollandais.*

DAVID (attribué à L.)

13 — *Esquisse du portrait de Napoléon Ier.*

En buste, de face, en uniforme de dragon.

DEBUCOURT (d'après)

14 — *Les deux baisers.*

Charmante composition popularisée par la gravure.

Bois. Haut., 33 cent.; larg., 43 cent.

DECAMPS (attribué à)

15 — *Bachi-Bouzouck à la porte d'une mosquée..*

DOES (Van der)

16 — *Moutons et bestiaux au pâturage.*

DU PRÉ (Daniel)

17 — *Paysage.*

Au milieu d'une petite vallée coule une rivière traversée par un pont.

Le premier plan est occupé par des enfants gardant des bestiaux, un colporteur assis au pied d'un grand arbre et un paysan près de deux vaches.

Au fond à droite, derrière un aqueduc en ruines et un rideau d'arbres, on aperçoit une ferme.

A gauche de la rivière, une habitation villageoise.

Signé à gauche « D. Du Pré, 1782. »

Bois. Haut., 42 cent.; larg., 54 cent.

DU PRÉ (D.)

18 — *La chaumière.* — *Pendant du précédent.*

Sous un grand arbre, à gauche, une habitation rustique couverte de chaume, devant laquelle un cavalier monté sur un cheval blanc est arrêté et cause à un villageois.

Plus loin sur le chemin, les bâtiments d'une ferme dominés par une tour carrée servant de pigeonnier; à droite, l'entrée d'un bois.

Signé à droite et daté 1782.

Bois. Haut., 42 cent.; larg., 54 cent.

ÉCOLE FRANÇAISE (XVIIe SIÈCLE)

19 — *Vue du Pont-Neuf et des quais de la Seine.*

Sur la gauche, une foule de spectateurs, un carrosse et un cavalier sont arrêtés devant la parade de Tabarin et de sa troupe. A droite, des marchands ambulants sont installés sur la place; plus loin, des prêtres portent le saint viatique; des promeneurs sont près des parapets.

La Seine se déroule au loin, bordée par le palais du vieux Louvre à droite, et par des maisons particulières à gauche.

ÉCOLE FRANÇAISE (époque Louis XVI.)

20 — *La Noce en promenade.*

Ce tableau provient de la collection de M. Delbergue-Cormont, dont nous ne saurions mieux faire que de transcrire la description du catalogue :

« Le cortège débouche de la grande rue et traverse la place de Périgord, à Amiens. Les parents et les invités suivent les mariés, que précèdent les musiciens, les pâtissiers, les cuisiniers, portant des victuailles suspendues à un bâton, un enfant conduisant un petit chariot bondé de volatiles et traîné par un chien.

« Des seigneurs et des dames en toilettes élégantes, et nombre d'autres personnages circulent sur la place autour d'une fontaine surmontée du groupe des trois Grâces.

« Ce tableau, d'une exécution légère et spirituelle, et qui rappelle les plus charmants petits maîtres du dix-huitième siècle, notamment Debucourt et Le Prince, nous semble être l'œuvre de Jean-François Donvé, né à Saint-Amand en 1736, mort à Lille en 1799, élève de Louis Watteau, puis de Greuze, dont il devint l'ami. »

Bois. Haut., 56 cent.; larg., 66 cent.

ÉCOLE FRANÇAISE (XVIIIe SIÈCLE)

21 — *Le défilé du régiment de Chartres-Penthièvre.*

Tableau curieux et intéressant, l'artiste ayant reproduit les portraits des officiers qui commandaient le régiment à cette époque.

HOLBEIN (d'après)

22 — *Portrait de femme.*

Les mains croisées, à mi-corps, debout devant une table recouverte d'un tapis vert sur laquelle est posé un sablier.

HOUBRACKEN

23 — *La Tasse de café.*

Dans un intérieur Louis XV, deux jeunes femmes se font servir le café par un laquais.

L'une d'elles, assise, tient un enfant sur ses genoux.
A gauche, une petite fille porte des jouets.
Signé au bas à droite.

DE KEYSER (attribué à Th.)

24 — *Jeune Hollandaise présentant un œillet.*

LAWRENCE (attribué à Sir Thomas)

25 — *Portraits d'homme et de femme en buste.*

MABUSE (d'après Jehan de)

26 — *Portrait d'homme en buste.*

MEMLING (École de)

27 — *L'ensevelissement du Christ.*

Composition de dix figures.

Ce tableau, d'une grande finesse d'exécution, nous paraît avoir été peint postérieurement à l'époque du maître.

Bois. Haut., 55 cent.; larg., 24 cent.

POLEMBURG (C.)

28 — *Les Baigneuses.*

Bois. Haut., 19 cent.; larg., 26 c e

POUSSIN (Gaspard Dughet, dit le)

29 — *Paysage historique.*

A droite, monticule avec grands arbres, contourné par un chemin au bord duquel deux figures assises.

Fond de montagne à gauche.

Toile. Haut., 43 cent.; larg., 60 cent.

PORBUS (genre de)

30 — *Portrait de femme en buste, chevelure blonde.*

PRIMATICE (École du)

31 — *Sujet allégorique.*

ROQUEPLAN (Camille)

(DEUX PENDANTS)

32 — *Marines.* — *Brick louvoyant en vue de la côte.* — *Pêcheurs à marée basse, près de la plage.*

SOLIMÈNE

33 — *Invocation d'un Père de l'Église.*

STOP

34 — *Défense d'une ville au bord de la mer.*
Au centre, sous une arcade, le commandant, à cheval, donne des ordres à un officier.

Bois. Haut., 24 cent.; larg., 31 cent.

UDEN (Van)

35 — *Paysage.*
Vue d'une hauteur où des chasseurs sont réunis.

VOS (Martin de)

36 — *Les douze tableaux de la Passion.*
Peintures sur cuivre finement exécutées.

Haut. de chaque sujet, 10 cent.; larg., 13 cent.

WATTEAU (d'après)

37 — *Acteurs de la Comédie italienne.*

DESSINS

GOUACHES ET AQUARELLES

ANONYME

38 — *Curieuse suite de seize figures du XVIe siècle en costumes de différents pays. — Pise, Chypre, Candie, Naples, Alexandrie, Hongrie, Allemagne, etc.*

En couleurs avec rehauts d'or, sur vélin.

ANONYME

39 — *Composition mythologique tirée de l'histoire de Mercure.*

Gouache sur vélin.

BARTOLOMEO (Fra)

40 — *Figure d'apôtre.*

Crayon rehaussé.

BEHAM

41 — *Deux petits dessins à la sépia, pour médailles.*

En exergue on lit : ZALEUCUS LEGE LATA ADULIERIS OCULOS ERUS IUSSIT. — POENAE INIUSTORUM ANTE OCULOS POSITAE DOCENTIUS IUSTTTIAM.

Cadre Louis XIV, en bois sculpté.

BERCHEM (N.)

42 — *Le Passage du gué.*

A l'encre de Chine.

BERCHEM (N.)

43 — *Le Maréchal-ferrant.*

Croquis à la pierre d'Italie.
Vente Ch. Leblanc.

BOUCHARDON

44 — *Médaillon.*

Sujet allégorique. « Humanitas. MDCCLVIII. »
A la sanguine.

BOUCHER (F.)

45 — *Jeune Villageois passant un ruisseau. — Les Bergers.*

Deux dessins à la plume, lavés de bistre.

BOURGUIGNON (J. Courtois, dit le)

46 — *Bataille.*

Plume et bistre.

BOYS (T.)

47 — *Portail d'une église gothique.*

Aquarelle.

CAMPAGNOLA

48 — *Saint-Jean-Baptiste.*

Debout, tenant une coupe de la main droite et relevant son manteau de la main gauche.

La tête, nimbée, est entourée par une banderole.

A la plume, lavé.

CHALLE

49 — *Jeune Femme assise devant un secrétaire et écrivant une lettre.*

Crayon et estompe.

CHALLE (d'après)

50 — *La Chambrière officieuse.*

Sujet gravé.
Aquarelle et gouache.

CHARBONNEAU

51 — *L'ancienne barrière des Bonshommes à Paris.*

A la plume.

CHARLET

52 — *La Fête de Grand-Papa.*

Un vieillard portant l'habit à la française est assis dans un fauteuil. Il tient sur ses genoux sa petite-fille, qui lui présente un bouquet et une galette, pendant qu'un petit garçon debout attend son tour d'offrir son bouquet.

A terre, un carnier et un fusil, une jatte et un pot de grès sur lequel on lit la signature « Charlet, 1831. »

Importante aquarelle ayant fait partie de la collection Soltikoff.

Haut., 27 cent.; larg., 19 cent.

CLOUET (École des)

53 — *Suite intéressante de douze portraits de personnages du XVIe s., représentés en buste.*

Nous transcrivons les noms des personnages indiqués au revers de chaque dessin :

Marguerite de France, duchesse de Savoie ;
François de Lorraine, duc de Guise ;
Marie de Lorraine, reine d'Écosse ;
Charles IX enfant, roi de France ;
Duc d'Albe ;
De La Rochefoucault ;
Mademoiselle de Thou ;
Cardinal de Châtillon ;
De Randan ;
Comte d'Auxerre ;
Comte Rhingrave ;
Un Infant d'Espagne.

DESENNE

54 — *En-têtes pour un calendrier.*

Cinq petits dessins à la sépia.

DESRAIS

55 — *Quatre sujets: La Déclaration, Le Baiser, La Tasse de café, Jeune femme faisant l'aumône.*

Plume et sépia.

DOOMER

56 — *Vue d'une Ville fortifiée avec Cathédrale (Nantes ?).*

Dessin.

DUJARDIN (K.)

57 — *Paysage.*

A l'encre de Chine.

DUMONSTIER (École de)

58 — *Portrait du comte de Béthune.*

En buste.
En couleurs.

DURER (A.)

59 — *Le Christ à la colonne.*

A la plume.
Collection de Sir J. Reynolds.

DUSART (C.)

60 — *Trois Villageois.*

A la plume, lavé.
Collection Robinson.

DYCK (A. Van)

61 — *Le Christ insulté par le peuple.*

Composition de huit figures.
Collection Ploos Van Amstel.
A la plume, lavé.

ÉCOLE ALLEMANDE (xve siècle)

62 — *Saint Jérôme monté sur un lion.*

A la plume.
Collection Robinson.

ÉCOLE FRANÇAISE (xviiie siècle)

63 — *Jeune Fille appuyée sur un panier de fleurs.*

Dessin ovale rehaussé.

ÉCOLE FRANÇAISE

64 — *La douce résistance.*

Gouache.

ÉCOLE FRANÇAISE

65 — *Portrait de Madame Roland.*

Deux crayons.

ÉCOLE ITALIENNE (XVᵉ SIÈCLE)

66 — *Un Sacrifice.*
   Dessin à la plume.

ÉCOLE MODERNE

67 — *Vue du temple d'Erechtée à Athènes.*

EVERDINGEN

68 — *Site rocheux en Norwège.*
   A l'aquarelle.

FRAGONARD (H.)

69 — *Décoration d'un plafond d'un monument de Rome, composée d'un buste d'empereur entre deux Renommées.*
   Sanguine.

   Haut., 29 cent.; larg., 37 cent.

GAVARNI

70 — *Deux Marmitons.*
   Crayon et aquarelle.

   Haut., 18 cent.; larg., 14 cent.

GAVARNI

71 — *Deux Femmes aux prises.*
Crayon et encre de Chine.

Haut., 20 cent.; larg., 14 cent.

GAVARNI

72 — *Une Mauvaise rencontre.*
Aquarelle.

Haut., 22 cent.; larg., 16 cent.

GAVARNI

73 — *Au Marché aux fleurs.*
Aquarelle.

Haut., 21 cent.; larg., 17 cent.

GOBAUT

74 — *Barricade du faubourg du Temple, Paris, 13 juin 1848.*
A la gouache.

GOYEN (Van)

75 — *Village hollandais au bord d'une rivière.*
Crayon et lavis.

GRANDVILLE

76 — *Charges de Lepeintre.*

Sept dessins à la plume et aquarelle.

GRANDVILLE

77 — *Charges de Mademoiselle Georges, artiste de la Comédie Française.*

Sept dessins à la plume et à l'aquarelle.

GRAVELOT

78 — *Vue du château de Marly-la-Ville.*

Une société de gens de distinction est en promenade dans le parterre du château.
Joli dessin à la mine de plomb.

Haut., 23 cent.; larg., 42 cent.

GREUZE (J.-B.)

79 — *La Marchande de marrons.*

Assise sous un auvent, elle tient sa poêle sur un fourneau et donne des marrons à une petite fille qui lui tend son tablier, suivie de quatre autres enfants.

Charmante composition à la plume et à l'encre de Chine.

GROS (Baron)

80 — *Deux Grenadiers.*
Étude.
Crayon noir.

HARDING (H.)

81 — *Villageois et Villageoise dans la campagne.*
Deux aquarelles.

H.-L. (Monogramme)

82 — *Dessin pour un modèle d'applique en bronze doré du temps de l'Empire.*
A la plume et au lavis.

HUET (J.-B.)

83 — *Brebis couchée.*
A la plume, lavé.

HUET (J.-B.)

84 — *Les moulins à eau.*
A la gouache.

HUYSUM (J. Van)

85 — *Vase de fleurs.*

Plume et encre de Chine.

INGRES

86 — *Françoise de Rimini et Paolo.*

Les amants sont surpris par Lanciotto que l'on aperçoit derrière une portière.
Dessin à la mine de plomb.

Haut., 23 cent.; larg., 17 cent.

INGRES

87 — *Jésus remettant les clefs à saint Pierre.*

Dessin au crayon sur papier calque.

Haut., 28 cent.; larg., 20 cent.

INGRES

88 — *Portrait d'homme.*

Debout, le bras droit appuyé sur un piédestal.
Croquis au crayon.

Haut., 30 cent.; larg., 21 cent.

JOHANNOT (T.)

89 — *Paul et Virginie.*
Encre de Chine.

LAGNEAU

90 — *Vieille femme comptant des pièces de monnaie.*
Aux crayons noir et rouge.

LAMBERT-LOMBARD

91 — *Le Bon riche.*
127 — Plume et bistre.

LE BRUN (d'après)

92 — *Portrait équestre de Louis XIV.*
Grande gouache sur vélin.

LENTÉ

93 — *La sortie de l'Opéra en 1825.*
A la sépia.

LE PRINCE (J.-B.)

94 — *La Lecture. — La Conversation.*

Deux charmantes scènes d'intérieur avec costumes à l'orientale.

A l'encre de Chine.

LUCAS DE LEYDE

95 — *Jésus chez Marthe et Marie.*

Plume et encre de Chine.

LUMINAIS

96 — *Les enfants du Chouan.*

Fusain.

MEISSONIER (E.)

97 — *Homme en costume Louis XV, habit rouge, culotte noire, portant un portefeuille sous le bras gauche.*

Crayon et aquarelle.

MEISSONIER (E.)

98 — *Ouvrier d'un port de mer.*

Dessin rehaussé, gravé dans *Les Français peints par eux-mêmes.*

Collection du baron de Beurnonville.

Haut., 20 cent.; larg., 14 cent.

MEISSONIER (E.)

99 — *Intérieur hollandais. — Dame et gentilhomme du XVIe siècle.*

Deux ébauches à l'aquarelle.

MEISSONIER (E.) — THIERRY

100 — *La Missive.*

Un gentilhomme et une dame lisent une dépêche qu'un page vient d'apporter.

— *Vue de l'ancien Châtelet.*

Deux aquarelles sous le même verre.

Haut., 20 cent.; larg., 17 cent.

MEULEN (École de)

101 — *Cinq Gouaches sur vélin. — Sièges de Maestreecht, Arras, Grey en Franche-Comté, Reinberghe, Burich.*

MONNIER (Henri)

102 — *Sous la Restauration, sujets de trois figures.*

Deux aquarelles formant pendants.

MOREAU (J.-M. le jeune)

103 — *Projet d'un monument à ériger pour le Roi et Nosseigneurs de l'Assemblée nationale.*

Au bas, la légende suivante :

« Louis XVI, en manteau royal, tendant les bras à trois génies distingués par les attributs de l'Agriculture, des Arts et du Commerce, présentant les vœux qu'ils ont faits pour le bonheur de la Nation. Le Roi les invite par un regard tendre à venir exposer leurs besoins. On aperçoit le génie des Arts et du Commerce qui présente au Roi un médaillon dans lequel est M. Necker.

« Henri Quatre, à côté du Roi, applaudit d'un sourire d'attendrissement en disant : « Mon fils, le bonheur des « peuples fait celui des Rois. »

« Sur le devant du piédestal est un bas-relief dans lequel on voit les trois ordres réunis présentant au Roi la constitution qui fait le bonheur de son peuple et le soutien de sa couronne. D'un côté du Piédestal est une Figure de Femme tenant un faisceau, simbole de la Concorde; de l'autre, Hercule représentant la Force. »

Le groupe, en bronze, est élevé sur un piédestal de

marbre au milieu d'une place et entouré de divers gens du peuple et de promeneurs.

Très important dessin à la plume et à l'aquarelle.
Gravé par de Varennes et Janinet.

Haut., 52 cent.; larg., 37 cent.

MOREAU (le jeune)

104 — *Héroïsme à la bataille de Pavie.*

« Le 24 février 1526, Jean le Sénéchal, seigneur de Molac et de Cariado, capitaine de cent hommes d'armes, gentilhomme de la chambre de François Ier, voiant un arquebusier prêt à tirer sur le Roi, il se précipita au devant du coup et lui sauva la vie par le sacrifice de la sienne. »

Important dessin à la plume et à la sépia gravé par de Longueil, sous le titre *Fidélité héroïque, à la bataille de Pavie.*

Au revers une ancienne inscription.

Ce dessin provient de la loterie de la Société des Amis des Arts, tirée publiquement le 15 octobre 1790, dans la salle des Pairs, cour du Louvre.

Haut., 20 cent.; larg., 25 cent.

MOREAU (J-M. le jeune, 1792)

105 — *Vue du Luxembourg avec promeneurs sur une terrasse.*

A la sépia.
Signé et daté 1772.
Cabinet Gautier de Nantes.

Haut., 12 cent.; larg., 21 cent.

NORBLIN

106 — *Le petit Savoyard pleurant sa marmotte.*
Aquarelle datée 1821.
Au revers, variante du même sujet, à l'encre de Chine.

NORBLIN

107 — *Vue de Paris.*
Les quais de la Seine, avec marchands ambulants et promeneurs.
Dessin gouaché.

NICOLAY (Nicolas de)

108 — « *Suite de quatorze dessins de Nicolas de Nicolay, seigneur d'Arfeville, géographe et varlet de chambre du roi Henri II, pour l'illustration du* Livre des navigation et pérégrination orientales *de M. Nicolay.*

Partement et voyage du sieur d'Araumont (ambassadeur pour le roi auprès du Grand-Turc) de Constantinople pour revenir en France.

Cet ouvrage a été imprimé à Lyon, par Guill. Roville, en 1567, et était illustré de 60 gravures de Louis Danet d'après les dessins de M. Nicolas de Nicolay. »

Plume et sépia.

NICOLLE (?)

109 — *Donjon d'un ancien château-fort.*
A la plume et à l'aquarelle.

NICOLLE (?)

110 — *Deux vues de Rome.*
Aquarelle.

OOSTZANEN (Jacob Van)

(XVIᵉ SIÈCLE)

111 — *Dessin pour vitrail de forme ronde.*
A la plume.

OSTADE (Adrien Van)

112 — *Villageois attablés à la porte d'un cabaret.*
A la plume et à l'encre de Chine.
Haut., 21 cent.; larg, 20 cent.

PASSARI

113 — *Le triomphe de la Religion.*
A la plume, lavé de bistre.

PERINO DEL VAGA

114 — *Motif pour la décoration d'un plafond.*

Figures allégoriques et enfants-génies dans un encadrement à pilastres et ornements.

Au bistre rehaussé de blanc.

Haut., 34 cent.; larg., 38 cent.

PERRY (F.)

115 — *Portraits en pied, d'une dame et d'un jeune homme du temps de Louis XIII.*

A la plume, lavé.

PICART (Bernard)

116 — « *Cérémonies religieuses du Hindostan, du Mexique, du Pérou et de l'Afrique.* »

Six pièces signées et datées 1722, gravées par le maître pour son livre *Les Cérémonies religieuses.*

A l'encre de Chine.

Collection Lambruggen.

PICART (Bernard)

117 — *Trois Petits vignettes.*

Sujets de deux figures.

Plume et lavis.

PILLEMENT

118 — *Le Passage du torrent. — Les Chaumières.*

Deux dessins en couleurs.

RAFFET

119 — *La Mauvaise nouvelle.*

Plume et sépia.

REGNAULT (d'après)

120 — *Le Lever.*

A l'aquarelle.

REMBRANDT

121 — *Personnage attablé auquel un domestique apporte un plat.*

A la plume et à la sépia.

RIGAUD

122 — *Vues des grandes écuries de Versailles et château de Bellevue.*

Deux dessins.
Crayon et lavis.

ROBERT (H.)

123 — *La Visite aux ruines.*

A gauche, une statue sur un piédestal.
Aquarelle.

ROBERT (H.)

124 — *Ruines romaines.*

Plume et aquarelle.

ROMAIN (Jules)

125 — *Sujet tiré de l'histoire de l'Eglise.*

Sépia rehaussée de blanc.

ROWLANDSON

126 — *La Douane. — Un banc de square.*

Deux sujets humouristiques à la plume et à l'aquarelle.

SWAVIUS

127 — *Deux Dessins représentant quarante-huit petits sujets tirés de l'Ancien et du Nouveau Testament.*

A la sépia.

TAUNAY

128 — *Deux Esquisses pour* la Noce de village *et* la Foire de village.

A la plume et à l'encre de Chine.

TESSON

129 — *Arabes et marchands d'oranges à la porte d'une ville.*

A l'aquarelle et à la gouache.

TIÉPOLO (D.)

130 — *Un Exorcisé.*

Plume et sépia.

TILMONT (1836)

131 — *L'Aumône à la porte de l'Église.*

Aquarelle

TILMONT (1839)

132 — *La Promenade dans le parc.*

A la sépia.

VELDE (W. van de)

133 — *Flotte de navires de guerre.*
    A l'encre de Chine.

VERNET (Horace)

134 — *Cuirassier sellant son cheval.*
    Signé à droite.
    Sépia rehaussée de blanc.

VINCENT

135 — *Femme assise tenant un livre ouvert*
    A la pierre noire, rehaussé de blanc.

VINCENT

136 — *Portrait d'Homme, de profil à gauche.*
    Dessin de forme ronde, au crayon et à l'estompe.

VISCHER (C.).

137 — *Artiste dessinant.*
    Crayons noir et blanc.

VISCHER (C.)

138 — *Portrait d'Homme.*

Au crayon et à l'estompe, rehaussé de blanc.

WILLE (le fils, 1758)

139 — *Femme nue à sa toilette, surprise par un indiscret.*

Plume et aquarelle.

WITRINGA

140 — *Marines.*

Deux dessins.

ZIEM

141 — *Vue de Venise.*

Aquarelle.

142 — *Dessins non catalogués.*

MOBILIER

143 — *Secrétaire Louis XVI, en marqueterie.*

144 — *Chenets de style Louis XVI, en bronze doré.*

145 — *Console Louis XV, en bois doré.*

146 — *Deux piédestaux Louis XIII, plaqués d'argent.*

147 — *Quelques objets de curiosité.*

148 — *Mobilier courant.*

149 — *Bijoux.*

150 — *Linge et garde-robe.*

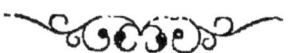

IMPRIMERIE PILLET ET DUMOULIN
RUE DES GRANDS-AUGUSTINS, 5, A PARIS

www.ingramcontent.com/pod-product-compliance
Lightning Source LLC
Chambersburg PA
CBHW050030230526
45470CB00003B/1207